INTRODUCTION
A
L'ÉTUDE
DES
MONUMENS ANTIQUES,

PAR A. L. MILLIN,

Conservateur du Muséum des antiques à la Bibliothèque nationale, Professeur d'Histoire et d'Antiquités, des Sociétés d'Histoire Naturelle et Philomatique de Paris, de l'Académie des Curieux de la Nature à Erlang; de l'Académie de Dublin, de la Société Linnéene de Londres, de celle de Médecine de Bruxelles, et de celle des Sciences physiques de Zurich.

Peritiores vetustas facit,
Cicero pro domo, C. 45.

A PARIS,

De l'Imprimerie du Magasin Encyclopédique,
rue S. Honoré, vis-à-vis S. Roch, n°. 94.

L'an quatrième.
1796.

A

A. F. FOURCROY,

MÉDECIN,

PROFESSEUR D'HIST. NATURELLE ET DE CHYMIE,

MEMBRE DE L'INSTITUT NATIONAL,

SAVANT CÉLÈBRE,

REPRÉSENTANT DU PEUPLE FRANÇAIS,

ZÉLÉ PROPAGATEUR DE L'INSTRUCTION PUBLIQUE,

ARDENT DÉFENSEUR DES ARTS UTILES,

AMI FERVENT DE CEUX QUI LES CULTIVENT,

AMATEUR ÉCLAIRÉ DE L'ARCHÆOLOGIE,

HOMMAGE D'AMITIÉ,

D'ESTIME

ET DE RECONNOISSANCE.

TABLE DES ARTICLES

Contenus dans cet Ouvrage.

Avertissement,	pag. vij
De l'Archæologie en général,	1
Son agrément et son utilité,	3
Division de l'Archæologie,	12
But de l'Archæologie,	18
Etude et enseignement de l'Archæologie,	23
De l'Histoire littéraire,	31
Histoire de l'Archæologie,	34
Bibliographie archæologique,	36
Traités d'Archæologie,	40
Archæographie analytique,	43
Archæographie chronologique,	50

TABLE DES ARTICLES.

Archæographie géographique,	60
Archæographie alphabétique,	61
Plan d'un Systême archæographique,	63
Muséographes,	65
Collecteurs,	69
Iconographes, Monographes, Mélanges,	71

Fin de la Table.

AVERTISSEMENT.

Lorsque je donnai, pour la première fois, un Cours particulier d'Archæologie, ceux qui me firent l'honneur d'y assister me témoignèrent le désir d'avoir une espèce de Programme qui pût diriger leur attention, les préparer à entendre ce qui devoit être l'objet de chaque séance, et leur faciliter les moyens d'en faire le résumé.

Lorsque j'ai ouvert mon Cours public, tous mes Auditeurs m'ont marqué la même envie; c'est ce qui m'a déterminé à livrer à l'impression cette Introduction, qui peut servir à les initier dans l'étude de l'Archæologie, et leur enseigner la méthode qu'il faut suivre et la manière de l'étudier.

Comme chacune des Divisions de l'Archæologie sera l'objet d'un Cours différent, j'annoncerai chacun de ces Cours, et je rédigerai de même une courte Instruction pour ceux qui me feront l'honneur d'y assister.

D'après la loi du 23 Prairial de l'an III, qui les a institués, ces Cours auroient dû commencer l'année dernière; mais les travaux de la salle destinée à recevoir les Monumens antiques n'ont point été continués comme ils devoient l'être. Le Ministre vient enfin d'ordonner de les reprendre avec activité, et nous devons attendre de son zèle pour les Sciences qu'ils seront bientôt terminés.

Je publie, dans le même temps, une *Introduction à l'étude des Pierres gravées*, qui sert de Programme pour le Cours que je donne actuellement sur ces Monumens.

Les Cours d'ARCHÆOLOGIE ont lieu dans la salle du Muséum des Antiques de la Bibliothèque nationale le 2, le 4 et le 8 de chaque décade, à une heure.

INTRODUCTION
A L'ÉTUDE
DE L'ARCHÆOLOGIE,
OU
LA CONNOISSANCE
DES
MONUMENS ANTIQUES.

DE L'ARCHÆOLOGIE EN GÉNÉRAL.

L'ARCHÆOLOGIE est la science connue ordinairement sous le nom d'*Antiquités* (1). Ce nom univoque, composé d'Ἀρχαῖοσ, ancien, et de Λόγοσ, discours, lui convient bien mieux; car, dans l'ARCHÆOLOGIE est comprise l'étude des *Antiquités*, c'est-à-dire, celle des Monumens antiques et l'étude des anciens usages qui sont venus jusqu'à nous.

---

(1) Le mot Antiquités est trop vague : la connoissance des Antiquités, réduite en théorie, doit être désignée par un nom particulier et univoque comme toutes les autres sciences : on peut dire Archæologie, comme on dit *Minéralogie*, *Zoologie*, *Physiologie*.

A

L'Archæologie est donc la connoissance de tout ce qui a rapport aux mœurs et aux usages des anciens : celui qui la possède se nomme *Archæologue*, et, plus vulgairement, *Antiquaire* ; cependant on applique plus communément le premier nom à celui qui étudie les *mœurs* et les *usages*, et le second à celui qui étudie les *monumens* : ce dernier porte aussi le nom d'*Archæographe* (1).

Ernesti distingue deux sortes d'Archæologie, l'*Archæologie* proprement dite, et l'*Archæologie littéraire* (2). Il entend, par Archæologie proprement dite, la connoissance des mœurs, des rites et des usages ; et par *Archæologie littéraire*, celle qui traite des monumens, mais seulement sous le rapport de l'histoire, et non sous celui de l'excellence de l'art. Le nom imposé par Spon, celui d'*Archæographie*, me paroît préférable (3).

J'entends donc, par Archæologie, l'étude générale des Antiquités (4) ; l'Archæographie n'en est qu'une partie.

---

(1) *Fabric Bibliothec. antiquaria*, p. 181.

(2) *Archæol. litt, proleg.* p. 1.

(3) *Spon, Miscell. erud. Antiq. Lugd. 1685, in-fol. præf.*

(4) On n'a pas toujours donné au mot Archæologie un sens aussi étendu. *Denis d'Halycarnasse* et *Joseph* ont traité, dans leur Archæologie, de tout ce qui avoit rapport à l'histoire, aux mœurs et aux usages des Romains et des Juifs, et ils ont absolument négligé l'Archæographie. Potter lui-même, dans son *Archæologia Græca*, ne s'est point occupé de l'Archæogra-

Agrément et utilité de l'Archæologie.

La définition que je viens d'établir suffit pour faire connoître l'importance et l'étendue de l'Archæologie : c'est la partie la plus intéressante de l'Histoire, puisque c'est celle de l'homme dans sa vie publique et privée.

Les anciens eux-mêmes ont senti l'utilité, ont connu l'intérêt attaché aux recherches d'Antiquités. Les ouvrages des philosophes, des historiens et des poëtes sont toujours semés de traits ou d'allusions relatifs aux peuples qui étoient pour eux les anciens : les écrits d'Homère, ceux d'Hérodote, de Plutarque, de Pline, d'Athénée, sont remplis de détails sur les mœurs, les usages et les monumens des nations qui les ont précédés ; et ce sont ces détails qui rendent principalement leur lecture si amusante et si instructive.

L'antiquité est si nécessaire à connoître pour celui qui veut avoir une teinture suffisante des arts et des lettres, qu'il est étonnant que de nos jours elle soit si peu cultivée en France. L'étude des langues anciennes, qu'on s'occupe de rétablir, pourra peut-être la ranimer.

---

chæologia Britannica n'est aussi qu'un recueil dans le genre des mémoires de l'Académie des Belles-Lettres. Le traité d'Ernesti est une excellente introduction a l'Archæographie, mais ne peut pas encore être regardé comme un traité complet sur cette matière.

Beaucoup d'auteurs ont écrit sur les différentes parties de l'Archæologie, mais peu ont eu pour objet de faire sentir son utilité.

Klotz a publié, en allemand, un petit traité intitulé : *De l'Etude de l'Antiquité* (1). Il seroit naturel de penser, d'après le nom de l'auteur, qu'il peut être de quelqu'utilité pour bien faire connoître tous les charmes de cette science et ses avantages; mais il est rempli de lieux communs, de phrases inutiles qui ne viennent point au but.

Il y répond cependant à ceux qui regardent la science des antiquités comme une connoissance futile; il fait voir que ce sentiment est né de l'amour-propre ignorant; il démontre aussi que cela vient de ce que beaucoup d'hommes, très-habiles d'ailleurs, se donnent pour connoisseurs en antiquités sans l'être véritablement, parce que l'érudition n'accompagne pas toujours le goût.

Il termine par quelques considérations sur l'utilité de la science elle-même. Mais il s'arrête au moment où on croit qu'il va donner quelques détails satisfaisans. Il démontre cependant que, pour être habile, même dans la législation, il faut connoître l'antiquité.

Ce petit traité a, en général, peu de mérite et d'intérêt.

---

(1) *Ueber das Studium des Alterthums*, von Hrn. hofrath. KLOTZ. Halle. Joh. Justin Gebauer, 1766, in-12, 72 p.

Birnbaum a composé, sur la nature et l'usage de l'étude des antiquités, un petit traité que je n'ai pas encore pu rencontrer.

Ce sont là les seuls ouvrages que je connoisse sur les agrémens et les charmes de l'étude de l'antiquité, la nécessité d'en avoir une teinture suffisante et les amusemens qu'elle procure.

Comme avant d'étudier une science il est nécessaire de bien savoir si elle mérite de lui consacrer son temps, je vais tâcher de démontrer, par quelques exemples, combien l'étude de l'antiquité est indispensable à celui même qui ne cherche qu'une instruction facile et vulgaire.

Les ouvrages des bons écrivains anciens et modernes sont semés d'allusions relatives aux mœurs et aux usages de l'antiquité. Comment sentir la finesse de ces allusions, comment apprécier le mérite de ces compositions sans une connoissance un peu approfondie des mœurs, des usages et des opinions des anciens?

Nos grands poëtes ne sont parvenus à cette élévation qui les distingue que par une étude approfondie des anciens. Toute la haute antiquité et la mythologie des Grecs se trouvent dans la Phèdre de Racine; toute l'antiquité hébraïque dans son Athalie, et il est impossible de juger convenablement ces deux chefs-d'œuvres sans la connoissance des mœurs et des usages des Grecs et des Hébreux.

La querelle si vive qui a divisé plusieurs hommes célèbres dans le siècle de Louis XIV n'auroit pas existé, si ceux qui ont voulu tourner en ridicule les plus beaux passages des anciens pour assurer le succès de la cause des modernes, avoient mieux connu l'Archæologie ; ils auroient vu que ces idées, qui leur paroissoient si extraordinaires, tenoient aux mœurs de leur siècle, et qu'Homère, Sophocle et Aristophane n'ont pas pu se conformer, dans leurs écrits immortels, aux usages de notre temps.

C'est ce défaut de connoissances archæologiques qui fait porter des jugemens si injustes sur les ouvrages des anciens. Certainement on trouvera les chœurs de leurs tragédies peu naturels si on en juge d'après nos mœurs actuelles ; mais en réfléchissant que les poëtes, pour se conformer au goût de leurs contemporains, étoient obligés d'introduire des chœurs où on discutoit des questions politiques, on admirera l'art avec lequel les anciens auteurs dramatiques ont su lier ces chœurs avec l'action.

Si on ignore l'importance que les Grecs mettoient aux courses des chars, on regardera, comme une grande faute de la part de Sophocle dans son Electre, d'avoir fait faire une si longue description de ces jeux par celui qui vient raconter la mort d'Oreste (1).

On s'exposera à faire, sur les poëmes d'Homère, bien des critiques déplacées, si on n'a pas la con-

---

(1) *Sulzer Allgemeine theorie art. antik.*

noissance des mœurs homériques. Cette manière pompeuse et solemnelle de s'exprimer que les héros grecs et troyens n'abandonnent jamais, paroîtra n'être point naturelle. On sera révolté de voir la barbarie avec laquelle les guerriers d'Homère traitent leurs prisonniers, leur cruauté envers les corps de leurs ennemis vaincus, qu'ils destinent à servir de pâture à leurs chiens, ou sur lesquels ils signalent eux-mêmes leur fureur; la princesse Nausicaa jouant à la balle, lavant son linge; les princes préparant eux-mêmes les repas hospitaliers, sembleront ridicules; et le sage Nestor voudra engager les Grecs à une action brutale, lorsqu'il leur fait entrevoir l'espoir d'emmener chacun avec eux une femme troyenne pour les servir et partager leur lit, si on ignore que c'étoit là le sort que les vainqueurs destinoient toujours alors aux vaincus, que ce qui nous choque dans ces idées appartient aux mœurs du temps, et non pas à Homère, qui a dû s'y conformer.

Il sera donc impossible de juger du goût et du génie des anciens, d'une manière juste et saine, sans la connoissance de l'antiquité; mais bien plus, il sera impossible, sans cette connoissance, de saisir le sens de certains passages.

Ce vers si connu et si souvent cité d'Horace :

Omne tulit punctum qui miscuit utile dulci,

ne peut être entièrement compris, si on ignore la manière dont les Romains élisoient leurs magistrats, en marquant un point au bout du nom de celui que l'on choissoit, et je pourrois citer mille exemples semblables de la nécessité de l'étude de l'Archæologie pour l'intelligence des auteurs classiques.

Mais ce ne sont pas les poëtes seuls qui sont inintelligibles pour ceux qui ne sont pas initiés dans les mystères de l'antiquité. Les historiens, les orateurs sont aussi dans le même cas. Enfin, sans l'étude de l'antiquité il est impossible de saisir l'allégorie d'un bas-relief ou d'un tableau, de juger de la vérité, du costume, des décorations et des autres parties d'une représentation théâtrale.

On ne sauroit donc faire quelques progrès dans les lettres sans la connoissance de l'antiquité; mais toutes les connoissances se tiennent, et il est aisé de prouver que l'Archæologie prête principalement son secours à toutes les autres.

La Géographie ancienne ne peut être ignorée de celui qui veut lire l'histoire avec fruit, et cette science reçoit ses principaux éclaircissemens de la numismatique. Non-seulement les médailles nous offrent les images de quelques lieux célèbres, mais on y trouve les noms d'une foule de provinces, de colonies, de villes, de municipes, dont sans elles on ignoreroit l'existence, ou dont on ne pourroit déterminer la position.

La Chronologie, cet autre flambeau de l'histoire, s'appuie aussi sur les monumens, principalement sur les médailles et les inscriptions. On y trouve des preuves irréfragables pour la fixation d'époques célèbres et d'ères importantes ; la série des évènemens est prouvée par elles d'une manière certaine; et quant aux inscriptions, on sait quelle est l'autorité du marbre d'Arundel et d'autres monumens célèbres du même genre. C'est à l'aide des médailles qu'on est parvenu à tracer l'histoire de peuples et de rois qui n'ont point eu d'historiens, et dont les actions mémorables auroient pu difficilement être rassemblées sans ce secours; enfin, les noms des différentes magistratures, la détermination des différens poids ; les titres des différens princes ne peuvent souvent être connus que par les médailles antiques, et c'est avec le secours seul des monumens de toute espèce qu'on peut rétablir la vérité de certains évènemens altérés dans les récits qui nous en ont été transmis.

La Mythologie est une des parties les plus curieuses de l'antiquité ; c'est elle qui anime la peinture et la poésie ; si on l'ignore, il est impossible de sentir le mérite de la plupart des allégories, il est impossible de deviner le sujet d'une sculpture ou d'un tableau ; mais comment savoir la mythologie sans l'intelligence des auteurs anciens et celle des monumens ? Spence a prouvé avec quel intérêt les ouvrages des poëtes et ceux des artistes s'expliquent l'un par l'autre (1). L'Horace de Pine, le Virgile de Sandby, celui d'Heyne, attestent com-

_____

(1) *Spence polymetis.*

bien les monumens antiques, appliqués aux passages des poëtes, ajoutent de prix à leurs éditions. Les poëtes peuvent servir à fixer l'âge des monumens mythologiques, en nous faisant connoître les divers changemens que les fables ont éprouvés depuis Homère, dans la manière de les raconter, ou dans leur représentation. Les monumens nous font connoître une foule de détails relatifs à la religion des différens peuples; on y trouve les noms des dieux, les fonctions de leurs ministres, les instructions et les cérémonies de leur culte.

Les usages civils et militaires des anciens ne s'expliquent pas moins bien par les monumens que les usages sacrés et les opinions religieuses. On y observe les ustensiles nécessaires à la vie domestique, les machines de guerre, l'ordre des batailles, des marches, des siéges et des campemens, les jeux scéniques et les spectacles de l'amphithéâtre, et une foule de singularités historiques, aussi instructives qu'amusantes.

Sans les monumens, où retrouveroit-on les élémens des anciennes langues et des anciennes écritures? L'histoire littéraire de toutes les sciences ne peut s'appuyer avec quelque certitude que sur les monumens antiques.

Plusieurs lois anciennes, plusieurs formules juridiques, ainsi que les noms des anciens magistrats, ne peuvent être établis que par les médailles. L'Histoire naturelle, chez les anciens, peut être éclaircie par cette foule d'animaux et de plantes représentés sur les monumens, et principalement sur les pierres gravées et les médailles ; ils nous avoient conservé la figure de la Giraffe et de l'Hippopotame, quand ces animaux n'étoient plus connus en Europe ; le Rhinocéros bicorne y étoit représenté, quand on s'obstinoit à nier son existence.

Les monumens ont encore l'avantage de nous offrir les traits des hommes célèbres par leurs vertus, leur savoir, leur valeur ou même par leurs vices. La comparaison des bustes, des pierres gravées et des médailles nous conduit à nous assurer de l'exactitude de la ressemblance, et nous pouvons ainsi voir les traits fidèles des hommes dont les talens nous éclairent, et dont les grandes actions nous excitent à la vertu ou élèvent notre courage.

Il est impossible, comme je l'ai énoncé, d'expliquer les différens sujets représentés par les arts sans la connoissance de l'Archæologie ; il est également impossible, sans cette connoissance, de juger solidement des ouvrages de l'art. Les immortels écrits de Winckelman, de Mengs et de Sulzer ont démontré combien cette science étoit nécessaire pour se former le goût, et avoir une idée juste des différens degrés du beau.

Enfin, quel plaisir peut-on goûter dans les voyages, si on ne sait apprécier le mérite des monumens épars dans les différentes contrées que l'on parcourt, et voir avec quelque discernement les ateliers, les musées et les cabinets, et comment peut-on voyager avec fruit sans une connoissance préliminaire des différentes parties de l'Archæologie ?

Ces détails suffisent pour faire comprendre toute l'utilité de l'Archæologie, et que c'est la partie de l'histoire la plus instructive et la plus amusante.

Division de l'Archæologie.

On peut partager cette étude en deux divisions principales :

1°. La connoissance des mœurs et des usages des anciens ;

2°. Celle des monumens de l'antiquité.

Les mœurs et les usages des anciens se partagent en trois classes ; les usages religieux, les usages civils, les usages militaires.

Les usages des anciens s'expliquent par les monumens, et on connoît l'emploi des différens monumens, et les objets qu'ils représentent, par la lecture attentive des historiens, des orateurs, et sur-tout des poëtes.

La partie de l'Archæologie, qui traite de l'explication des monumens, se nomme pour cette raison Archæographie.

On peut la partager en neuf classes :

1°. *Les Edifices ;*
2°. *Les Peintures ;*

3°. *Les Sculptures* ;
4°. *Les Gravures* ;
5°. *Les Mosaïques* ;
6°. *Les Vases* ;
7°. *Les Instrumens* ;
8°. *Les Médailles* ;
9°. *Les Inscriptions.*

1°. LES ÉDIFICES nous font connoître le goût de l'Architecture chez les différentes nations, et le style des différentes époques de cet art. On cherche à travers leurs ruines à deviner, par ce qu'ils sont encore, ce qu'ils pouvoient être. On décrit avec soin les monumens qui existent dans leur entier. Les Pyramides et les Obélisques des Egyptiens nous font juger du goût de ces peuples pour le merveilleux. La comparaison des édifices persans avec ceux des autres nations nous montre les progrès successifs de l'art des voûtes. Les Grecs et les Romains nous ont laissé des temples, des tombeaux, des théâtres, des hippodromes, des cirques, des amphithéâtres. La grandeur et l'industrie des Romains sont attestées par des arcs de triomphe, des colonnes historiées, des aqueducs, des thermes, des bains et par des chaussées garnies de colonnes milliaires. Et sur ces divers monumens on trouve, par les objets qui y ont été sculptés, des traces de l'architecture navale et de l'architecture militaire ; on voit enfin que les Egyptiens et les Perses avoient du goût pour le gigantesque et le merveilleux. Que les

Grecs, qui ne cherchèrent d'abord que la solidité et la simplicité, ont inventé successivement les beaux ordres d'architectures, qu'ils ont déterminé les justes proportions et leurs décorations, et que les Romains n'ont été que leurs imitateurs. On passe de là à l'architecture gothique, dont les monumens attestent un goût particulier.

2°. Les anciennes Peintures nous font connoître les divers procédés des anciens pour peindre à fresque, ou en détrempe, ou à l'encaustique ; on peut comparer les tableaux qui existent encore avec ceux dont les auteurs classiques nous ont laissé la description. Le nombre des monumens de ce genre est bien peu considérable, quoiqu'il se soit beaucoup accru par les découvertes faites à Herculanum.

3°. Les Sculptures sont bien plus nombreuses ; on y distingue les statues, les bustes et les bas-reliefs ; on voit sur toutes les images des Dieux et des hommes illustres, les cérémonies sacrées et prophanes, les évènemens et les faits remarquables de la fable et de l'histoire. Ces monumens en terre, en pierre, en marbre ou en métal existent, ou dans les lieux, à l'ornement desquels ils étoient destinés, ou dans les cabinets des curieux. On les reproduit par les moules, par la copie, par le dessin et la gravure ; enfin, ces monumens sont de la plus grande utilité pour bien connoître les différens styles et les différens âges de la sculpture, les procédés des anciens statuaires, les idées qui les ont guidés dans la partie poëtique de leur art ; c'est d'après eux qu'on peut bien apprécier le goût des anciens, l'opinion qu'ils avoient du beau naturel ou idéal, et qu'on peut établir une instruction juste sur le nud, les draperies et le costume.

4°. LES PIERRES GRAVÉES, soit en creux, soit en relief, sont les monumens les plus utiles par les connoissances nombreuses et variées qu'elles nous fournissent. Leur dureté les a fait résister au choc des autres corps et au feu, et leur petitesse les a dérobées à la fureur des barbares ; on y retrouve, sans aucune altération, les traits des grands hommes, souvent effacés par les traits de l'air sur les statues, et par les suites du frottement sur les médailles. On y lit les caractères alphabétiques les plus anciens ; on y voit des hiéroglyphes et des symboles singuliers, des animaux, des plantes et des instrumens qui servent à l'histoire des sciences chez les anciens. Ce sont les monumens les plus utiles pour l'histoire de l'art, parce qu'on y peut suivre les progrès du dessin depuis son origine et chez les différens peuples ; on y peut distinguer le nom et la manière des différens maîtres, le goût et le style des différens âges ; on y voit enfin des imitations des statues et des groupes les plus célèbres aujourd'hui existans, et des représentations fidèles de quelques-unes aujourd'hui perdues. Enfin, on peut y prendre des idées précises de la lithologie, des anciens, et déterminer les pierres dont on trouve le nom dans leurs ouvrages.

5°. Les Mosaïques, qui imitent la peinture par le rapprochement de cubes de verre, ou de morceaux de pierres dures, ont également de l'intérêt pour l'antiquaire par la singularité de leur fabrication et par les sujets qu'elles représentent. Les Mosaïques de Prenesté ou Palestrine, du palais de Néron sont suffisamment célèbres ; les anciens temples des chrétiens renferment beaucoup d'ornemens de ce genre, et on y trouve des choses utiles et curieuses pour l'étude des antiquités ecclésiastiques.

6°. Les Vases sont intéressans et par la beauté de leurs formes et par les sujets qui y sont figurés. Les uns étoient destinés à recevoir les votes quand on prenoit les suffrages, ce sont les plus grands ; d'autres servoient à des usages civils, d'autres à des usages religieux ; les plus petits n'étoient que des jouets pour les enfans ; nous n'avons plus de ces beaux vases Murrhins ou Thériclèens, si célèbres chez les anciens ; mais il nous reste encore de belles coupes d'agathe, de sardonyx, d'albâtre, de jaspe, de granite, de porphyre, de crystal ou de verre blanc ou coloré : mais les plus intéressans, les plus utiles pour l'histoire de l'art, pour l'explication des fables, des mœurs et des usages, sont ces vases d'argile fabriqués autrefois dans la Campanie, et tournés ou modelés

par

par d'anciens artistes grecs, et si improprement nommés vases étrusques, puisque le plus grand nombre ne se trouve pas dans l'Etrurie; on y remarque la variété des formes, la nature de la pâte, celle de la couverte et les sujets qui y sont dessinés.

7°. LES INSTRUMENS civils, religieux et militaires des différens peuples, et qui sont en plus ou moins grand nombre dans les cabinets, sont très-instructifs et très-intéressans pour l'intelligence des anciens auteurs et celle de l'histoire; ce sont des ustensiles des sacrifices, des lares, des lampes, des urnes, des lacrymatoires, des armures, des bracelets, des ornemens et des bijoux de toute espèce.

8°. J'ai déja dit un mot de l'immense utilité des MÉDAILLES pour la géographie, la chronologie, l'histoire des événemens des peuples, des villes, des empires et des rois et pour celle des différentes connoissances. On y retrouve tout ce qui est figuré sur les autres monumens; par elles on peut connoître les poids et les mesures des anciens; enfin, on peut dire que c'est dans la numismatique que se trouve concentrée toute la connoissance des antiquités.

9°. Les monumens, dont nous venons de parcourir les différentes classes offrent souvent des INSCRIPTIONS qu'il faut savoir lire et expliquer pour en tirer quelque parti, ce n'est aussi que par leur moyen qu'on peut remonter à l'origine des différentes espèces d'écritures. Ainsi pour connoître l'écriture hiéroglyphique des Egyptiens, l'antiquaire examine les obélisques et les statues ; il recherche sur les bandeletes des momies quelques traces de leur écriture cursive. Les monumens étrusques, les inscriptions et les médailles phéniciènes nons font connoître l'alphabet de ces pays. On recherche les marbres et les pierres qui portent des inscriptions, parce que l'histoire doit à quelques-unes les plus grandes clartés ; enfin on examine l'écriture sur papier d'Égypte, celle sur des rouleaux de parchemin, tels que ceux d'Herculanum ; les runes et les peintures mexicaines sont aussi soumises à l'observation de l'antiquaire. C'est à cause de l'utilité des inscriptions qu'on en a formé différens corps, et la manière de les lire a fondé une science connue sous le nom de palæographie, quand il ne s'agit que de l'écriture lapidaire, et de diplomatique si l'on prend en considération celle des titres, des chartes et des diplômes.

Telles sont les différentes parties de la science archæologique ; on sent combien chacune exige de travaux et d'études préliminaires.

But de l'Archæologie.

Le but de l'étude est d'augmenter le savoir et d'éviter les erreurs ; ce n'est qu'avec beaucoup d'attention et de prudence que l'Archæologue y peut parvenir. Quelques monumens se dégradent par l'effet de l'air, dont leurs parties salines attirent l'humidité. Le marbre de Paros n'est déja plus lisible, et nous avons quelques inscriptions découvertes depuis peu dont les lettres sont presqu'entièrement oblitérées. D'autres, tels que les médailles, sont usés par le frottement, et les types et les caractères y sont devenus presque indéchiffrables.

Plusieurs monumens sont altérés par la cupidité ou dénaturés par la mal-adresse; les restaurations faites aux statues mutilées ne sont pas toujours exécutées avec l'intelligence nécessaire pour ce travail; quelques ignorans en nétoyant les statues et les médailles de bronze leur font perdre ce vernis précieux qui atteste leur antiquité. On change les légendes, même les revers des médailles pour les rendre plus précieuses, et on ajoute à des pierres gravées modernes le nom de maîtres anciens.

Les faussaires vont souvent encore plus loin; quelques artistes sont parvenus à imiter assez parfaitement les monumens antiques pour que les connoisseurs, même les plus éclairés, puissent s'y tromper. Quelques-uns imitent des statues et des pierres gravées; les médailles de la fabrique de Jean Cavvin, de Padoue, sont suffisamment célèbres; tout le monde connoît les vases étrusques, imités par P. Fondi, ou par Wedgwood; Joseph Guerra a imité les peintures d'Herculanum;

enfin, Winckelman a été trompé lui-même en prenant pour antique une peinture qui étoit l'ouvrage de son ami Casanova.

Ces altérations, ces substitutions produisent une foule d'erreurs que l'antiquaire doit éviter avec soin; aussi dans mes différens cours ai-je l'attention de mettre sous les yeux les imitations les plus frappantes auprès des monumens véritables; car ces erreurs donnent lieu à de fausses explications.

Mais ces fausses explications sont quelquefois aussi occasionnées par la manière dont ceux qui publient les monumens les représentent. Les infidélités ont pour cause ou le désir de les embellir, ou l'ignorance des artistes, ou le dessein de faire cadrer les figures avec les explications; c'est ainsi que Struys et Serlio ont donné des figures fictives et de faux plans des monumens de Persépolis; Laurus, Dacosta, Picart, Panvinius, etc. ont publié des amphithéâtres, des naumachies des statues qui n'ont jamais existé que dans leur imagination, et plusieurs des médailles figurées et décrites par Golz sont justement suspectes à quelques antiquaires.

C'est à toutes ces causes que l'on doit les erreurs quelquefois grossières de ceux qui ont voulu expliquer les monumens. Baronius a pris une Isis pour la Vierge, mais cette erreur ne lui est pas particulière. La statue de la Vierge de l'église du Puy-de-Dôme étoit une Isis de Basalte, tenant son fils Horus sur ses genoux, et cependant elle a été brisée par les modernes Vandales comme un instrument du culte. La plupart des *Vierges noires* étoient de même des Isis antiques ; la France en possédoit beaucoup, apportées par les Sarrasins ou après les Croisades, et toutes ont été brisées dans les temps de la terreur.

Ainsi le fanatisme révolutionnaire a détruit des monumens que la superstition religieuse nous avoit conservés ; car c'est à la crédulité des prêtres que nous devons la conservation de plusieurs pierres gravées, du plus grand prix, dont les sujets prophanes s'étoient changés au gré de leur imagination en des sujets chrétiens et pieux. Le Valentinien qui ornoit le bâton cantoral de la Sainte-Chapelle étoit, disoit-on, un Saint-Louis; l'apothéose de Germanicus étoit l'enlèvement de Saint-Jean-Baptiste dans le Ciel, et le superbe camée, appelé l'agathe de Tibère, qui représente les triomphes de ce prince et l'apothéose d'Auguste avoit été regardé comme la marche triomphale de Joseph; Neptune et Minerve donnant aux hommes le cheval et l'olivier avoient été transformés en Adam et Eve mangeans le fruit défendu.

Avec beaucoup de savoir et d'attention les antiquaires eux-mêmes tombent souvent dans des méprises considérables. Le nom de Solon, sur une pierre gravée, a fait long-temps croire que la figure qui y est représentée étoit celle de ce législateur, tandis que ce nom est celui de l'artiste à qui on en doit le travail. Un *præfectus viarum* a été transformé en Saint Viar ; une tête portant le nom du graveur Arethon étoit l'image d'Aréthuse : la Minerve d'Aspasius étoit la figure d'Aspasie. Montfaucon, Bellori et Winckelman eux mêmes se sont quelquefois trompés dans l'explication des monumens, et tout le monde connoît les rêveries de l'érudition délirante du savant Hardouin, qui ne voyoit dans les légendes des médailles que des lettres initiales qu'il remplissoit avec une industrie prodigieuse. Ces erreurs sont celles attachées à l'espèce humaine ; mais il ne peut être permis à un historien de parler, comme a fait Rollin, de la statue du Laocoon comme d'un monument perdu ; il ne peut pas être permis à un artiste de représenter un héros grec avec un habit romain, et encore moins un Hercule avec une perruque à la Louis XIV ; enfin, on ne sauroit tolérer la représentation d'Œdipe dans un salon français, et tout homme de goût est choqué lorsqu'il voit Iphigénie remettre à Pylade une lettre écrite sur du papier de chiffon et fermée comme celles qui sont portées chaque jour par la poste. Æsope parlant à la cour de Crésus à un colonel en uniforme français, et Strabon dans Démocrite amoureux voyant avec sa lunette des clochers, et faisant des almanachs, nous paroissent avec raison également ridicules ; enfin, avec une observation plus attentive de l'antiquité, le vieil Horace n'appeleroit pas

Servius-Tullius *Sire*, et le grand Racine lui-même, qui étoit si pénétré de l'étude des auteurs classiques, n'auroit pas fait répéter si souvent le mot *madame* à ses interlocuteurs.

Si ces erreurs ont eu lieu dans un temps où il y avoit un si grand nombre de moyens de s'instruire, et où l'étude des langues savantes et des auteurs classiques étoit si cultivée, que sera-ce donc aujourd'hui que la jeunesse est privée depuis cinq années de ces secours ? où ceux qui se destinent à l'exercice des beaux-arts trouveront-ils ces notions qui leur sont si nécessaires ? et nos jeunes orateurs eux-mêmes ne s'exposeroient-ils pas à rendre ridicules les plus beaux traits de leurs discours par de fausses applications, si on ne suppléé à ce qui leur manque faute d'études préliminaires ?

Etude et enseignement de l'Archæologie.

Tel a été mon but en commençant mes cours et en publiant mes divers Elémens ; je ne prétends pas faire parade ni d'une éloquence qui me manque, ni d'une érudition vaine et facile à acquérir. Je n'ai d'autre avantage sur une foule d'autres personnes qui pourroient faire mieux que moi que d'être placé à la tête de la plus riche collection d'antiques en tout genre, à l'exception de celles de l'Italie, et auprès d'une des plus belles bibliothèques de l'Univers.

Plusieurs hommes d'un mérite distingué ont demandé comment on pourroit faire un cours d'antiquités ; je crois leur avoir répondu par l'énumération des connoissances qui feront la base de cet enseignement : qui peut posséder une collection aussi étendue, aussi variée que la collection nationale, et qui peut douter de l'intérêt de cours dans lesquels on peut mettre successivement sous les yeux tous les monumens dont il est question dans la leçon. Si ces cours manquent de plaire, le professeur ne peut se le dissimuler, c'est la faute de ses moyens personnels ; car il lui faut très-peu de talens pour intéresser ses auditeurs quand il peut leur montrer une foule de curiosités si rares, si intéressantes et si variées.

Mais ce n'est pas la première fois que ces cours sont offerts à la jeunesse qui désire de s'instruire, et dès les temps de la renaissance des arts on s'occupa d'en instituer de semblables.

Laurent de Médicis établit le premier à Florence des écoles où les professeurs étoient obligés de faire voir et de faire apprécier à leurs élèves les ouvrages des anciens avant de les livrer à leur propre génie. Il sortit de cette école un grand nombre de sculpteurs, de peintres et d'architectes du premier ordre, dont le plus célèbre est à juste titre Michel-Ange Buonarotti. Alors les amis des lettres ne voulurent laisser aucun monument sans qu'il fût connu, et ils en écrivirent et en firent composer des descriptions (1).

Depuis cette époque, des savans distingués ont enseigné l'Archæologie ; Niewpoort s'étoit attaché à la partie des mœurs et des usages ; Christ et Ernesti ont particulièrement traité des monumens ; Oberlin professe depuis trente années l'Archæologie dans la ville de Strasbourg, et beaucoup d'hommes instruits ont été recevoir ses leçons avant de commencer leurs voyages ; Heyne, cet ami, ce successeur de l'immortel Winckelman, professe encore l'Archæologie dans l'université de Goettingue ; Busching, qui joignoit à une connoissance approfondie de la Géographie celle des antiquités, nous a laissé quelques-uns des cahiers qu'il avoit rédigé pour ses élèves ; le célèbre Eckhel, conservateur du Muséum de Vienne, est en même-temps chargé de faire des cours d'antiquités.

La définition que j'ai donnée de l'Archæologie et la description que j'ai faite de ses différentes parties prouvent qu'elle forme une science particulière ; elle peut être réduite en préceptes à une théorie, elle peut donc être enseignée ; en vain allégueroit-on que l'on peut l'étudier chez soi en acquérant les divers ouvrages qui en traitent ; car outre que ces ouvrages sont aussi chers que

---

(1) *Martini in Ernesti Archæol. litter.* p. 111.

nombreux, il manqueroit toujours à cette étude la vue des monumens, sans l'observation desquels on ne sauroit faire des progrès certains et rapides. Soutenir le contraire, c'est comme si on disoit que les cours d'histoire naturelle sont inutiles, parce que la nature est par-tout, et que les livres qui en traitent sont dans toutes les bibliothèques : où cependant peut-on faire plus de progrès dans cette science que dans un muséum, où celui qui démontre a réuni tout ce qui est nécessaire pour l'enseigner ?

Je sens, et je l'ai déja dit, que je n'ai d'autre avantage sur plusieurs autres qui pourroient faire mieux que moi, que d'avoir été appelé par la Convention nationale à la fonction que je remplis. Aussi que prétends-je faire dans ces Elémens ? réunir en un corps d'enseignement, selon l'ordre que j'ai établi, tout ce qui est nécessaire pour l'étude de l'Archæologie. Tout est dans les livres et sur les monumens ; il ne faut pour un semblable travail, comme le disoit Ducange aux admirateurs de ses immenses travaux, que du temps, des mains et des yeux : je le sais, je n'ai d'autre mérite que celui des rapprochemens ; mais je tâcherai d'y joindre la clarté, sans laquelle rien ne se conçoit, et la méthode, sans laquelle rien ne se case dans l'entendement : voici celle que j'ai adoptée.

Il seroit impossible d'enseigner tous les objets qui composent la science Archæologique dans un seul cours. Mes entretiens sont donc divisés en sections, qui forment autant de cours particuliers et complets, et chacun peut suivre la partie qui lui plaît davantage.

Je commence par l'Archæologie, l'étude des monumens selon l'ordre que j'ai établi.

Après avoir parcouru successivement les monumens des différentes classes, je résume les connoissances que l'on a acquises par quelques entretiens généraux sur l'art.

J'examine d'abord l'origine de l'art, son but, l'usage des symboles, celui des allégories, les différences entre l'art et le bel art. Nous voyons pourquoi les Egyptiens, qui ont la gloire de la plus haute antiquité dans l'exercice de l'art, ont poussé fort loin leurs connoissances dans la partie mécanique, mais ne se sont jamais élevés jusqu'au bel art. Nous examinons les trois différentes époques de l'art chez ce peuple; la première, lorsqu'il avoit des lois, une religion et des mœurs qui leur étoient propres jusqu'à l'invasion de Cambyse, cinq cents vingt-quatre années avant J. C., la première année de la quatrième olympiade.

La seconde, au temps où l'Egypte fut sous la domination des Perses, des Grecs et des Romains.

La troisième, enfin, celle où les ouvrages des artistes égyptiens furent imités par les artistes grecs sous l'empereur Hadrien, cent dix-sept ans après J. C.; ce qui forme le style égyptien ancien, le moderne, et le style égyptien-grec.

De là nous voyons l'art cultivé très-anciennement chez les Etrusques : ceux-ci sont arrivés jusqu'au bel art ; ils ont mêlé, dans leurs représentations, les idées mythologiques des Grecs à celles qui leur étoient particulières. On trouve des traces de leurs richesses, de leur puissance et de leur goût dans les ouvrages qu'ils nous ont laissés. On voit qu'ils formoient déja un peuple riche et puissant avant la fondation de Rome; ils étoient déja comptés parmi les nations éclairées du flambeau des arts, tandis que les Romains étoient encore dans la barbarie, l'an 471 de la fondation de Rome, 284 ans avant l'ère chrétienne. Nous remarquons également trois styles dans leurs ouvrages, dont l'expression forte fait le caractère, le style ancien, le style moyen et le style moderne.

Passant ensuite à l'histoire de l'art chez les Grecs, je la trace dès son enfance au temps de Dædale, trois âges d'hommes avant la guerre de Troye ; je suis ses progrès jusques à l'expédition de Xercès : alors nous voyons l'art fleurir dans la Grèce après les batailles de Salamine et de Platée, 480 ans avant J. C., jusques au commencement de la guerre du Péloponèse : nous admirons l'époque du grand goût et du grand style sous l'administration de Périclès dans la première année de la quatre-vingtième olympiade, 460 ans avant J. C. : nous voyons ensuite les vicissitudes de l'art sous les successeurs d'Alexandre, au temps de la ligue Achéenne sous les Ptolémées, sous les Seleucides, dans les cours, dans les villes de l'Asie mineure, enfin, chez les Romains. Je fais connoître à chaque époque les grands artistes qui l'ont rendue célèbre.

L'histoire de l'art chez les Romains termine ce tableau : nous voyons ces fiers vainqueurs dévaster l'Etrurie et la Grèce, et vaincus eux-mêmes par la puissance de ces arts qu'ils semblent d'abord vouloir anéantir. Mummius répand en Italie le goût des productions de l'art en faisant transporter à Rome une foule de chefs-d'œuvres : nous voyons Rome peuplée, pour ainsi dire, de statues après la prise de Corynthe et la destruction de la ligue Achéenne : nous voyons les objets de l'art devenus la proie d'avides proconsuls, la soif de l'or pour les acquérir les pousser à des concussions ou des rapines inconcevables. La jeune noblesse de Rome passionnée pour les arts, et cependant les Romains regarder la profession des artistes presque comme indigne d'un homme libre. Mais leur puissance, leurs richesses, leurs bienfaits appellent à Rome les grands artistes ; l'art y fleurit au plus haut degré sous Auguste et ses premiers successeurs ; il décroît ensuite : sa décadence devient plus sensible vers le temps de Septime-Sévère ; il s'éteint dans le bas-empire au point que les procédés mécaniques seuls sont tout ce qui nous en a été conservé dans le moyen âge. Parvenu à cette époque, je traiterai aussi de la renaissance de l'art.

Après ces connoissances générales, nous sommes

en état de voyager dans le monde ancien pour examiner ses mœurs, ses usages et ses monumens.

La marche ordinaire des géographes est de commencer par l'Espagne pour aller d'Occident en Orient ; mais nous prenons une route contraire pour conformer notre marche à la série chronologique des évènemens et aux progrès de l'esprit humain. Ainsi je commence à guider mes auditeurs dans ce voyage en leur faisant visiter l'Egypte, qui est pour nous le berceau des lettres, des arts et des sciences. Je fais voir, soit en nature, soit en relief, soit en figures, les monumens encore existans.

Nous suivons la même méthode pour chaque contrée que nous avons à parcourir, passant d'Afrique en Asie. Nous observons les mœurs, les usages et les monumens des Perses, comme nous avons fait ceux des Egyptiens.

Parcourant de même l'Asie mineure, nous entrons ensuite en Europe ; après la Grèce nous visitons l'Italie, puis l'Espagne ; enfin, les nations septentrionales et gothiques. Nous terminons par la Gaule. Après l'avoir considérée sous les Romains, nous examinons la France sous ses rois, et nous faisons connoître les principaux monumens de la monarchie française en indiquant ceux qui subsistent encore et ceux que le vandalisme a détruit.

J'ai mesuré toute l'étendue d'un pareil plan ; mais, comme toutes les parties en sont isolées, il peut s'exécuter successivement. Après avoir eu le courage de l'entreprendre, on ne me verra point ralentir mes efforts ni cesser les travaux constans qui peuvent seuls me le faire terminer.

DE L'HISTOIRE LITTÉRAIRE.

Celui qui veut faire quelques progrès dans l'Archæologie y doit aussi joindre l'histoire littéraire et la bibliographie de cette science.

L'Histoire littéraire et la Bibliographie sont deux sciences bien distinctes, quoiqu'elles aient des rapports communs ; l'une traite de la matière des livres, des époques et des évènemens, des sciences, de la vie des hommes qui les ont cultivées ; l'autre, de l'objet des livres et de leur disposition.

Ces deux sciences, très-familières aux savans de l'Allemagne et du Nord, sont presqu'inconnues en France ; cependant il est agréable de connoître l'histoire de la science que l'on étudie ; il est nécessaire de connoître les ouvrages dans lesquels on peut trouver la solution des difficultés que l'on rencontre.

Plusieurs auteurs, tels que Struve, Heuman, Denis, ont écrit des ouvrages généraux sur l'histoire littéraire ; quelques-uns, comme Lambeccius et le professeur Saxe, selon la méthode chronologique ; d'autres, comme Fabricius, Harles, Tiraboschi, selon la méthode géographique ; d'autres, selon la méthode analytique : le professeur Oberlin, dans un petit ouvrage très-précieux, qui lui sert dans ses cours d'histoire littéraire, a combiné ces différentes méthodes.

Il seroit à désirer qu'on adoptât aussi à cet égard l'usage suivi depuis très-long-temps en Allemagne, de donner des cours d'histoire littéraire. La bibliothèque nationale seroit encore le lieu le plus favorable pour un pareil établissement.

J'ai donné un apperçu de cette science infiniment trop négligée, même par les savans français, dans un écrit inséré dans la décade philosophique et littéraire (1).

L'histoire littéraire est générale ou spéciale; on appelle générale, celle qui embrasse l'histoire des sciences dans toute leur étendue; et spéciale, celle qui n'en traite qu'une partie.

Nous ne devons ici nous attacher qu'à l'histoire littéraire spéciale, à celle qui a rappport à la science dont nous sommes occupés, à l'Archæologie.

J'aurai donc soin, dans mes Elémens, de faire connoître successivement l'histoire de l'Archæologie, celle des savans qui s'y sont distingués, d'analyser et de faire voir les livres qu'ils ont écrit, afin que ceux qui n'ont pas le temps de faire de cette science une étude approfondie, et qui n'y cherchent qu'une instruction propre à répandre plus d'intérêt sur leurs lectures et sur leurs voyages,

---

(1) Tom. II.

puissent

puissent aussi avoir une teinture de la littérature de la science, se rappeler dans l'occasion les ouvrages qu'ils peuvent consulter avec fruit, et connoître au moins l'époque dans laquelle ces savans ont vécu, et le pays qui leur a donné la naissance.

L'étude de l'Archæologie, et particulièrement celle des monumens, exige la réunion d'une infinité de connoissances. Il faut avoir vu beaucoup pour acquérir l'habitude de bien juger; il faut, pour bien expliquer les monumens, posséder les langues grecques et latines, et savoir les langues modernes, afin de ne pas donner pour nouveau ce qui auroit été déja décrit, et savoir bien l'histoire en général, et celle de la Grèce et de Rome en particulier. Pour pénétrer dans l'obscurité des temps héroïques, il ne faut rien ignorer de ce qui tient aux différentes parties de la Mythologie; après quoi, il faut passer à l'histoire de l'art, des artistes et de leurs ouvrages dans toute son étendue; il faut une étude approfondie des médailles et des inscriptions, et tout cela doit être appuyé sur la connoissance des véritables sources, sur la lecture raisonnée des classiques grecs et latins; il faut encore être initié dans la connoissance de la mécanique et de la poétique des arts (1). Heureux celui qui peut réunir tous ces avantages, heureux même celui qui en possède la

---

(1) Heyne, éloge de Winkelman.

plus grande partie ; mais il est impossible de faire quelques progrès dans les antiquités sans en avoir au moins quelques-unes.

Histoire de l'Archæologie.

L'histoire de l'Archæologie est renfermée dans celle des auteurs qui en ont traité ; on la connoîtra à mesure que nous étudierons ses diverses parties; il suffit de savoir en général que les anciens même s'en étoient occupés, ainsi que le prouve le voyage de Pausanias, dans lequel il décrit les divers monumens de la Grèce ; cependant on peut regarder la réduction de cette connoissance en théorie, ce qui peut seul lui mériter le nom de science, comme une invention moderne, et son étude, comme d'une origine récente.

Dante, Pétrarque et quelques autres restaurateurs des lettres, qui, comme eux, recherchèrent les manuscrits des auteurs classiques ensevelis dans les cloîtres, en ont posé les premiers fondemens ; on s'est borné d'abord à rechercher et à expliquer les anciennes inscriptions. Le goût pour les médailles antiques est plus récent, et date du seizième siècle ; il en fut la suite : mais les monumens où l'on reconnoît les règles de l'art et l'effet du génie n'attirèrent pas encore les regards.

On commença, dans le quatorzième siècle, à raisonner sur la théorie de la peinture, ce qui fut principalement dû à la découverte que l'on fit de plusieurs monumens enfouis; des bains, des tombeaux, des thermes, et principalement de ces sept voûtes que les Italiens nomment *le Sette-Selle*, dans une desquelles on trouva le Laocoon et plusieurs peintures à fresques. Ce fut en revoyant, en imitant, en comparant ces monumens que Raphaël prit des leçons de son art, et mérita le titre du plus grand peintre moderne. Quoique ces voûtes aient été si négligées, qu'on ignore même aujourd'hui le lieu de leur existence, les fruits qu'elles ont produits se sont étendus jusqu'à nos jours; les principes que les grands peintres y ont puisés se sont transmis jusqu'à nous (1).

Raphaël et Michel-Ange donnèrent toute leur attention aux monumens antiques : le premier imita dans ses compositions un grand nombre de camées et de statues, ce qui a donné lieu à cette imputation sans doute calomnieuse qu'il a détruit lui-même plusieurs monumens antiques pour qu'on ne pût retrouver l'origine de quelques figures qu'il n'avoit fait qu'imiter.

Alors les érudits crurent aussi nécessaire d'examiner les pierres gravées et les statues; on vit paroître d'énormes volumes sur la fable et sur l'histoire, enrichis de gravures des monumens qui peuvent servir à leur explication.

---

(1) *Ernesti, archæol. litterar. excurs. prim. Martini*, p. 110.

Mais l'art n'y avoit encore aucune part ; il étoit réservé à Caylus d'ouvrir la carrière, à Winckelman de l'agrandir, sans pourtant la fermer, et à Mengs, Sulzer, Heyne et Visconti de s'immortaliser sur ses traces.

Bibliographie archæologique.

Après ce court exposé de l'histoire littéraire de l'Archæologie, je dois donner quelque détail sur la Bibliographie Archæologique.

La Bibliographie est, comme l'histoire littéraire, beaucoup trop négligée, en France, par les savans eux-mêmes, elle est cependant indispensable ; car pour bien posséder une science, il faut connoître les divers ouvrages qui en traitent, afin de s'instruire des travaux de ceux qui nous ont précédé, et de ne pas donner comme nouveau des monumens qui auroient déjà été décrits, et des observations qu'on auroit déja faites.

Les livres d'Antiquités sont naturellement nombreux et chers ; mais les bibliothèques publiques en possèdent beaucoup, et plusieurs citoyens réunissent dans leur cabinet les ouvrages principaux sur la partie de cette science qu'ils cultivent; mais pour profiter de ces facilités, il faut connoitre les livres qu'on peut consulter, savoir les trouver dans l'ordre bibliographique qui leur est assigné, et apprendre à ranger ces sortes de collections, quand on a le moyen de se les procurer.

Pour faire connoître les livres dont l'usage peut devenir nécessaire, des savans en ont rédigé des catalogues, appelés *Bibliothèques*.

Ces catalogues sont généraux ou spéciaux. On range parmi ces derniers les catalogues où on ne traite que des ouvrages qui ont pour objet une seule partie de la science, telle est la bibliothèque numismatique de Banduri, celle de Hirsch, la bibliothèque dactyliographique de Mariete, etc.

J'indiquerai les bibliothèques spéciales en traitant de chaque partie de la science ; nous ne nous devons occuper à présent que des bibliothèques générales.

On trouve à la suite de la *Bibliotheca numaria* de Labbe un court supplément, contenant un catalogue des livres sur les diverses parties des antiquités ; mais ce catalogue est si peu considérable qu'il ne doit être regardé comme d'aucune utilité.

Jean-Albert Fabricius avoit déjà fait connoître en 1709 son projet de dresser une bibliothèque des ouvrages sur l'Archæologie. A la suite de son édition du traité de Vogt sur les anciens autels des Chrétiens, il avoit publié un catalogue très-court de livres de cette espèce ; il augmenta ce catalogue, et le publia en 1713 sous le titre de *Bibliotheca Antiquaria*, en un vol. *in* - 4°. ; il en parut une seconde édition avec des additions en 1716 ; et enfin une troisième en 1760, par les soins de Paul Schaffshausen, c'est la meilleure.

L'auteur s'est principalement occupé de recueillir les ouvrages sur les antiquités Judaïques et Chrétiennes ; il y joint une liste des disertations contenues dans le grand trésor de Grævius et de Gronovius ; il indique ensuite les meilleurs ouvrages sur la Géographie, l'Histoire, puis les Monographies ou traités séparés sur diverses questions d'antiquité. On peut reprocher à cet ouvrage de manquer par la méthode, qui en pourroit être meilleure ; mais ce défaut est suppléé par deux amples index, l'un des matières, l'autre des auteurs.

Cet ouvrage auroit besoin d'être refait ; mais tel qu'il est on ne sauroit nier ses avantages, il fournit beaucoup de secours pour l'étude de l'Archæologie (1).

---

(1) Jean Albert Fabricius étoit né à Léipsic en 1767, et il passa presque toute sa vie à Hambourg, où il s'étoit fixé, et où il est mort en 1736 à soixante-huit ans. Il avoit une mémoire très-étendue et une extrême facilité à écrire ; jamais il ne perdoit un instant : aussi le catalogue de ses ouvrages est-il prodigieux, et on peut s'étonner qu'il en ait terminé même un seul. Il est regardé, avec raison, comme un de nos premiers philologues. Ses principaux ouvrages sont sa *Bibliothèque grecque*, sa *Bibliothèque latine*, sa *Bibliothèque du moyen âge*, ses *Mémoires sur les Savans d'Hambourg*, les *Inscriptions* de cette ville avec des commentaires, et plusieurs autres. Nicéron a écrit sa vie dans ses mémoires, et Reimar, en Allemagne, a composé sur Fabricius une Biographie particulière.

Le catalogue de la célèbre bibliothèque du comte de Bunau (1) offre aussi de grands secours pour la connoissance des livres qui ont rapport à l'Archæologie ; sa disposition est plus méthodique que celle de la bibliothèque de Fabricius ; elle n'a d'autre défaut que de n'être pas complète, puisqu'elle ne contient point d'autres notices que celles des ouvrages renfermés dans la bibliothèque de ce savant amateur : il est vrai qu'elle étoit considérable.

La bibliothèque historique de Meusel (2) contient aussi les titres d'un grand nombre d'ouvrages sur les antiquités Judaïques, Egyptiennes, Grecques et Romaines ; ces titres sont souvent accompagnés de courtes notices et de jugemens solides et dictés par une critique juste et saine.

Les tables alphabétiques des auteurs cités dans les petits traités élémentaires du professeur Oberlin, offrent encore une nomenclature vaste et étendue d'ouvrages sur les antiquités ; on y trouve l'indication de beaucoup de traités singuliers et utiles à connoître.

Dom Legipont, *Oliverius Legipontius*, parmi ses disertations d'histoire littéraire et d'antiquités en a imprimé une qui paroît avoir quelque rapport à notre sujet ; elle est intitulée : *De rei*

---

(1) *Bibliotheca Bunaviana.*
(2) *Bibliotheca Historiæ*, Tom. V et VI.

numariæ et antiquitatum ac lithologiæ studio ; mais il se contente de donner quelques préceptes sur la science numismatique.

Traités d'Archæologie.

Après avoir traité de la Bibliographie Archæologique, à laquelle le nom d'Archæologie littéraire pourroit bien mieux convenir qu'à la partie de la science à laquelle Ernesti l'a appliquée, nous devons parler des traités généraux, de ceux qui introduisent dans l'étude de la science.

Nous n'avons guère sur ce sujet que des dictionnaires plus ou moins étendus et plus ou moins bien faits, comme le dictionnaire des Antiquités dans l'Encyclopédie méthodique, celui de Chompré, etc. Je ne parle pas de ceux de Pitiscus et de Furgault, parce qu'ils ne sont que spéciaux ; ils n'ont rapport qu'aux Antiquités Romaines.

Le grand trésor des Antiquités Grecques de Grævius, celui des Antiquités Romaines de Gronovius sont d'immenses recueils de Monographies sur différens sujets; on en trouve le catalogue dans plusieurs ouvrages. Mais cette grande compilation ne présente pas un ensemble, quoique le rédacteur ait réuni les divers traités dans un ordre à-peu-près méthodique.

On peut dire qu'il n'existe pas de traité universel des antiquités, et cette science est si étendue qu'il n'est pas possible de l'embrasser ainsi dans son ensemble.

Mais existe-t'il des traités généraux sur chacune des deux grandes divisions de l'Archæologie ?

Le seul ouvrage général sur la partie des mœurs et des usages est celui du célèbre Montfaucon, en 5 vol. formant dix parties *in-folio* et cinq vol. de supplément. Il s'est principalement attaché à expliquer les mœurs et les usages des anciens d'après les monumens qu'il a recueillis de toutes parts, et qu'il classe d'après ce systême. Il est malheureux qu'il ait adopté quelquefois des monumens sans une critique assez sévère, et qu'il ait été souvent trompé par des dessins infidèles. Malgré cela, son ouvrage est un recueil infiniment précieux pour la connoissance des mœurs et des usages des anciens, combinée avec celle des monumens (1).

---

(1) Ce savant bénédictin est né en 1655 dans le Languedoc. Il avoit d'abord suivi le parti des armes, et après être entré dans la congrégation de Saint-Maur en 1675, il se livra à l'étude des langues et à celle des antiquités avec une ardeur infatigable. Il mourut en 1748 à quatre-vingt-sept ans. Pendant le cours d'une vie si longue et si laborieuse il a publié un grand nombre d'ouvrages. Je ne citerai que ceux qui ont rapport à l'Archæologie. Le plus considerable est son *Antiquité expliquée*, dont je viens de donner une notice. Il fut suivi de la description des monumens de la monarchie française en

Un ancien professeur de l'université de Strasbourg, Schatz, a fait imprimer à Nuremberg, en allemand, un abrégé en un seul volume *in-folio* de l'ouvrage de Montfaucon avec cent cinquante planches. Il a donné le même ouvrage en latin ; mais il n'existe rien de pareil en français. Ces deux extraits manquent à la Bibliothèque nationale, ainsi que beaucoup d'autres livres très-utiles.

Une autre entreprise immense, mais devenue nécessaire par la grande quantité de monumens découverts depuis la mort de Montfaucon, seroit une réimpression de cet ouvrage avec les additions dont il est susceptible. Un pareil trésor seroit de la plus grande utilité pour les lettres, et nous devons désirer d'en voir un jour l'exécution.

Nous traiterons des ouvrages séparés, sur les mœurs des Israélites, des Grecs et des Romains quand nous nous occuperons de l'Histoire de ces peuples.

---

cinq volumes *in-folio*. Il a aussi composé une Palæographie grecque et un Voyage d'Italie, dans lequel on trouve beaucoup de choses curieuses sur les antiquités et sur les manuscrits. Son éloge a été publié par M. de Boze dans le Tome XVI des mémoires de l'Académie des Belles-Lettres et dans l'Histoire littéraire de la Congrégation de Saint-Maur.

Traités d'Archæographie.

On a composé quelques traités généraux sur l'Archæographie : quelques auteurs ont adopté *l'ordre analytique* ; d'autres *l'ordre chronologique* ; d'autres *l'ordre géographique* ; d'autres *l'ordre alphabétique*.

Je place parmi les *Archæographes analytistes* ceux qui ont suivi l'ordre analytique, les écrivains qui ont traité des monumens distribués en différentes classes, comme les édifices, les inscriptions, les médailles, etc.

Parmi les *Archæographes chronologistes*, ceux qui ont suivi l'art, en général, dans ses différens degrés de perfection à différentes époques, en appliquant cette manière de procéder aux différentes parties de l'art.

Les *Archæographes géographes* sont ceux qui ont classé les monumens selon les pays où on les trouve.

Enfin, les *Archæographes lexicographes* sont ceux qui ont rédigé des dictionnaires relatifs à l'Archæographie, etc.

L'ordre analytique, ainsi que je l'ai indiqué, est celui que j'ai adopté dans mes cours. C'est le seul commode pour bien disposer les idées dans les cases de l'entendement.

Je vais faire connoître les principaux traités généraux d'Archæographie, considérée de ces quatre différentes manières.

Archæographie analytique.

Le plus ancien ouvrage de ce genre est celui de Bandelot de Dairval, *De l'utilité des Voyages*. L'auteur étoit avocat au parlement de Paris, où il étoit né en 1626, et où il plaidoit avec succès. Un procès l'ayant obligé d'aller à Dijon, il chercha à s'y délasser dans les momens d'intervalles que lui laissoient ses affaires. En parcourant les cabinets et les bibliothèques qui y étoient en bon nombre, principalement celle du président Bouhier, il y prit du goût pour les Antiquités, et ce goût devint une passion. Ce séjour produisit un ouvrage qu'il publia sous le titre d'*Utilité des Voyages*, titre qui trompe souvent ceux qui le rencontrent ; car l'auteur, qui n'avoit jamais été que de Paris à Dijon, n'entre pas, sur les voyages, dans de grands détails ; il dit seulement un mot sur leur avantage, sur l'idée que les anciens en avoient : du reste, il ne s'attache qu'à l'antiquité, et il indique les recherches de ce genre qu'un homme-de-lettres peut se proposer, classant dans une série méthodique les objets qu'il doit observer. Il traite séparément de chacun d'eux, et c'est alors que son ouvrage peut être regardé comme une introduction à l'Archæographie ; il parle d'abord de la recherche des médailles, puis des inscriptions, des statues, des dieux lares, des peintures anciennes, de l'architecture, des pierres précieuses, des manuscrits, et enfin des médailles. Cet énoncé prouve qu'il auroit pu adopter un meilleur ordre en ne séparant pas ce qu'il dit des médailles et de leurs recherches, en plaçant les manuscrits après les inscriptions, et les bas-reliefs après les statues. Il s'en faut de beaucoup que chacun de ces articles soit complet ; les connoissances modernes nécessiteroient beaucoup d'additions, quand bien même ils l'auroient été à l'époque de la publication de l'ouvrage. Mais cet ouvrage est instructif, et il peut être regardé comme une assez bonne introduction. L'auteur y consigne des observations singulières qui lui sont propres, et restitue beaucoup de passages des anciens. La première édition de cet ouvrage parut en 1686; il a été réimprimé à Rouen en 1727, et traduit en plusieurs langues. Il est accompagné d'un grand nombre de figures qui rendent sa lecture plus attachante. Baudelot de Dairval est l'auteur de plusieurs dissertations imprimées dans le recueil de l'Académie des Belles-Lettres. Le Tome V de ce recueil contient son éloge: il est mort en 1722.

Un ouvrage plus important est celui d'Ernesti, intitulé : *Archæologia litteraria*, Archæologie littéraire. Ce nom a été rendu illustre par plusieurs savans. Celui-ci est le célèbre Jean-Auguste Ernesti, un des meilleurs littérateurs et des plus grands critiques de ce siècle, auteur des excellentes éditions d'Homère, de

Tacite, et de celle du dictionnaire grec d'Héderic, qui a paru à Léipsic, d'une collection de discours et d'éloges académiques qu'il a prononcés dans différentes occasions, et de beaucoup d'autres ouvrages justement estimés.

Jean-Auguste Ernesti a enseigné long-temps les belles-lettres à Léipsic ; mais à son retour d'Italie, après avoir suivi les cours d'Antiquités de Berger à Wittemberg, il en a donné de semblables à Léipsic pendant plusieurs années, et c'étoit pour l'usage de ses auditeurs qu'il avoit composé cette Archæologie littéraire.

Ce titre paroîtroit indiquer qu'il y traite particulièrement de l'Histoire de l'Archæologie, des savans qui se sont distingués dans ce genre de connoissances, et des ouvrages qu'ils ont produits ; mais son but, en intitulant ainsi ce livre élémentaire, a été d'indiquer que son intention n'étoit pas d'y considérer l'antiquité sous le rapport du goût des arts, mais sous le rapport des connoissances littéraires et érudites; de ramener ainsi la jeunesse à l'étude des auteurs classiques, sans laquelle on ne sauroit avoir une connoissance vraiment solide des antiquités : d'après cette idée, il auroit dû s'occuper des mœurs et des usages des anciens expliqués par les monumens, et cependant il s'attache particulièrement aux diverses parties de l'Archæographie ; mais il ne s'arrête qu'à ce qui tient à son histoire.

Son ouvrage commence par des prolégomènes dans lesquels il définit lui-même ce qu'il entend par Archæologie littéraire ; c'est celle, dit-il, qui nous enseigne à connoître l'antiquité par ses monumens ; ils sont sans inscriptions ou en sont accompagnés : on y considère la matière et le travail. Il partage, d'après cela, son traité en deux parties : la première parle de la matière des monumens ; la deuxième a rapport à la fabrication des monumens eux-mêmes.

Sa première partie contient cinq chapitres : il traite de l'écriture antique, des marbres, des gemmes et des autres pierres précieuses, des métaux, enfin, des différentes matières qui ont été employées dans les monumens, telles que les différens bois, l'écaille, l'ivoire, etc.

La seconde partie, qui traite des monumens eux-mêmes, est un peu plus étendue ; il y parle des manuscrits, des inscriptions, et de tout ce qui appartient à la diplomatique ; de la numismatique, de la toreutique, ou l'art de travailler au ciseau, de la plastique, ou l'art de modeler, de la peinture et de l'architecture, par où il termine son ouvrage. Il réunit la sculpture et la gravure en pierres fines avec la toreutique.

Malgré l'étendue d'un pareil sujet, l'ouvrage même, dans sa dernière édition, n'a que quatre-vingt-dix-huit pages : aussi n'est-il qu'une introduction à la science, une suite des préceptes destinés à guider les disciples, et que le professeur étend, commente et explique dans ses leçons. Cet usage de donner de pareils élémens à ses auditeurs est extrêmement commode, et devroit être adopté dans nos écoles : c'est sûrement pour le suivre que la Convention avoit proposé, au concours, divers ouvrages élémentaires (1).

Le professeur Oberlin, de Strasbourg, que j'ai des occasions si fréquentes de citer dans mes cours, a donné un petit *Prodromus*, ou plutôt un tableau synoptique de l'Archæographie à la tête

---

(1) La première édition de l'Archæologie littéraire d'Ernesti parut en 1768. Georges-Henri Martini en a donné en 1790, après la mort de ce célèbre philologue, une seconde édition, à laquelle il a joint, comme commentaire, une suite d'*excursus* ou de dissertations, qui forment un volume deux fois plus gros que le texte. Il a réuni ce que les observations les plus modernes lui ont fourni pour éclaircir, discuter, augmenter ou rectifier l'ouvrage d'Ernesti ; il y a d'excellentes choses dans ces *excursus* ; mais au lieu de suivre l'ouvrage d'Ernesti dans la série de ses propositions, d'adopter sa division claire et méthodique par petits paragraphes, Martini a accumulé les citations, les a confondues avec les résultats qu'il en tire, ce qui rend son ouvrage obscur et difficile à lire.

Malgré son peu d'étendue, cet ouvrage est commode et utile pour servir de guide dans l'étude de l'Archæologie, et l'édition de Martini est la meilleure.

de son ouvrage, intitulé : *Orbis Antiquus*. C'est un résumé de toute la science et de son objet en dix pages. Ce tableau, qui lui sert d'introduction, est très-bien fait ; on y reconnoît la manière d'un savant dont la tête est méthodique, dont les idées sont saines, et qui est parfaitement le maître de son sujet.

Le même professeur a publié ce *Prodromus* en français, avec un peu plus d'étendue, dans le tome premier du Magasin encyclopédique. Ce morceau est celui qui sert de préliminaire à ses cours. Il y donne un précis des objets qui font l'étude de l'antiquaire, des usages et de l'utilité de l'Archæographie, et de la méthode qu'il faut suivre pour l'étudier.

L'introduction que je publie est un résumé de ces différens ouvrages et de beaucoup de traités particuliers. Elle peut également servir à l'étude de l'Archæographie.

J'ai sous les yeux un cahier écrit sous la dictée du célèbre professeur Heyne, par M. Schmutz, qui m'a fait l'honneur d'assister à mes cours. M. Heyne suit également la méthode analytique, quoique dans son programme imprimé il ait adopté la méthode chronologique, ainsi que nous le verrons bientôt. Après quelques idées générales sur l'art, il passe aux différentes parties de l'Archæographie, la sculpture et ses différentes divisions, sur lesquelles il s'étend beaucoup, la peinture, la gra-

D

vure en pierres fines, l'architecture, la mosaïque, les vases et les ustensiles.

Le célèbre Busching, si connu par son excellente géographie, professoit aussi l'antiquité ; il avoit conçu le projet d'Elémens d'Archæographie divisés par sections, d'après la méthode analytique. Mais il n'a publié que deux de ces traités ; l'un sur la sculpture, l'autre sur la gravure en pierres fines, dont je parlerai dans leur temps.

Archæographie chronologique.

L'immortel Winckelman est le premier qui ait tenté de donner une Archæographie chronologique dans son histoire de l'art, ou plutôt il y a combiné les deux méthodes, celle analytique et la méthode chronologique.

Nous n'avions avant que l'histoire des Arts par le Monnier ; le traité de la peinture des anciens par Dujon, et celui de la peinture par Durand ; il a conçu le grand projet d'assigner les différentes époques de l'art d'après les passages des auteurs classiques et la considération des monumens.

La vie de cet homme immortel a été écrite par le C. Huber, son premier traducteur, et se trouve à la tête des dernières éditions de l'histoire de l'art. Il suffit de savoir qu'il étoit né en 1717 à Stendal en Allemagne. Quoique son père ne fût qu'un pauvre cordonnier, il aida autant qu'il le put le goût de son fils pour l'étude ; mais ses moyens auroient été impuissans, si quelques hommes de lettres, distinguant les talens naissans de Winckelman, n'avoient pas favorisé les premiers efforts de sa jeunesse. Le goût de l'antiquité devoit conduire Winckelman au goût des voyages ; il passa quelques temps à Berlin, et revint dans les bras de son estimable instituteur Toppert, recteur du collége de Stendal ; il devint le coryphée d'une de ces bandes de pauvres écoliers qui chantent des motêts en procession dans les rues ; la petite somme que ce triste métier produisoit fournissoit à ses besoins et à ceux de son vieux père infirme et retiré à l'hôpital : ce bon fils ne l'abandonna jamais. Il exista quelques temps à Dresde, à Halle du produit de quelques leçons qu'il donnoit, et il passoit le reste de son temps dans les bibliothèques ; son père le rappela, et il quitta ses études les plus chères ; il accourut pour lui fermer les yeux ; Winckelman, sans ressource, s'adressa au comte de Bunau, historien connu, ardent protecteur des lettres, et célèbre sur-tout par l'immense bibliothèque qu'il avoit formée, dont Franck nous a donné un si précieux catalogue, qui, malheureusement, n'est point achevé. Il lui demanda une place dans cette bibliothèque, et il obtint l'amitié du comte, celle du savant bibliothécaire Franck, et reprit ses études favorites ; le voisinage de Dresde fut très-utile à Winckelman ; il eut le bonheur d'y trouver des hommes dont il sut tirer parti ; Hagedorn, Oeser, Lippert et principalement le professeur Heyne.

Winckelman auroit vécu heureux au milieu de ces trésors et d'une si intéressante société ; mais pouvoit-il l'être sans avoir visité l'Italie ? C'étoit l'objet de tous ses désirs ; et comme son culte favori étoit celui des arts, il fit facilement abjuration de la religion protestante, pour jouir à Rome des avantages offerts aux seuls catholiques, et il s'y rendit après avoir publié deux petits ouvrages qui commencèrent à établir sa réputation ; le premier est intitulé : *Réflexions sur l'imitation des ouvrages grecs dans la peinture et dans la sculpture*; le second a pour titre : *Éclaircissemens au sujet des réflexions sur l'imitation des ouvrages grecs dans la peinture et dans la sculpture, et réponse à la lettre critique sur ces réflexions.*

Winckelman passa ses premières années à Rome, à voir, à examiner, mais sans aucun plan ; ce ne fut que quelques années après qu'il publia sa *description de pierres gravées de Stosch*, son *histoire de l'art*, son *explication des monumens inédits*, et plusieurs traités séparés que j'aurai soin de faire connoître.

Winckelman revint en Allemagne, et voulut, malgré les instances de ses amis, retourner en Italie ; il trouva, près de Trieste, un Italien nommé Archangeli, qui sut gagner sa confiance en affectant un grand amour pour les arts ; Winckelman lui montra les médailles d'or dont la cour de Vienne l'avoit gratifié, et lui fit voir une bourse bien fournie ; ce scélérat avoit été cuisinier du comte de Cataldo à Vienne; condamné à mort pour plusieurs crimes, il venoit d'obtenir sa grace et sa liberté le 8 juin de l'année 1767; Winckelman étoit occupé dans sa chambre de l'auberge de Trieste, à tracer quelques notes pour une nouvelle édition de l'histoire de l'art. Ce monstre l'interrompt, le prie de lui montrer quelques médailles, et pendant que Winckelman est occupé à ouvrir sa malle, il lui jette au col un nœud coulant pour l'étrangler: Winckelman se défend, mais Archangeli le perce de plusieurs coups de couteau; entendant du bruit il se sauve, le laissant baigné dans son sang. Trois jours après il est ramené à Trieste, où il reçoit le châtiment de ses forfaits; mais son supplice ne peut rendre à la vie et aux arts l'infortuné Winckelman.

Quoique Winckelman ait mis de la dureté dans ses jugemens il a eu un grand nombre de prosélytes; à l'exception de Klotz en Allemagne, de Bracci en Italie, de Falconet en France et de Howe en Angleterre, il a eu peu d'antagonistes. Son nom même a été comme l'objet d'une espèce de culte parmi quelques antiquaires. Plusieurs hommes ont mieux aimé penser qu'il avoit tout dit, que de chercher si d'autres avoient dit d'une autre manière, et s'il y avoit encore quelque chose à dire; l'autorité de son nom a été telle pour quelques-uns de ses fervens admirateurs, que ses jugemens ont été regardés par eux comme des décisions. C'est cette prévention attachée à quelques noms célèbres qui retarde le plus les progrès des sciences. Elle empeche les sectateurs d'en juger par eux-mêmes, tandis que rien n'est si dangereux que de *jurer toujours sur la parole du maître.* Mais combien d'hommes croyent connoître toute l'antiquité grecque après avoir lu le voyage d'Anacharsis ; combien d'autres croyent savoir tout ce qu'on peut dire sur l'art après avoir lu Winckelman ; combien d'autres répètent les noms de ces écrivains célèbres, sans avoir même ni lu ni médité leurs écrits. Tandis que ces résumés sont de la plus grande utilité pour initier dans les connoissances de l'antiquité, mais ne peuvent suffire à celui qui veut y pénétrer plus avant.

Pour juger sainement du mérite de Winckelman, et savoir jusqu'à quel point il peut faire autorité, on ne sauroit choisir un meilleur guide que M. Heyne dans l'éloge qu'il a fait de son illustre ami. Il apprécie avec autant d'impartialité que de goût ses ouvrages ; il tient un juste milieu entre cet engoûment suite de la paresse de l'esprit et du défaut de jugement, et cette sévérité implacable de la médiocrité qui s'attache à dénigrer les productions du génie. Ainsi, loin que toutes les assertions de Winckelman lui paroissent des vérités, un examen scrupuleux de son *Histoire de l'Art* lui semble le premier pas à faire dans l'étude de l'antiquité.

Le portrait de Winckelman avoit été fait par le célèbre Raphaël Mengs pour un illustre amateur des arts, le chevalier d'Azara, ministre plénipotentiaire du roi d'Espagne à Rome. Il orne la traduction complète de ses œuvres, dont les deux premiers volumes ont déja paru. Les arts ont reproduit ses traits de différentes manières : son buste est placé à Rome à la rotonde, avec une inscription qui exprime la perte que les arts ont faite, et les regrets de ses amis.

D'Hancarville a mis, à côté du frontispice de son second volume des vases étrusques, une planche à la mémoire de son ami ; elle représente un *Colombarium* ou l'intérieur d'un tombeau, avec une inscription simple et dans le genre antique sur le sarcophage. Ce monument est figuré à la fin de la vie de Winckelman, en tête du premier volume de ses œuvres complètes.

Après avoir fait connoître les principaux faits de la vie de Winckelman, je dois donner un court extrait de son ouvrage sur l'Archæographie chronologique de son Histoire de l'Art.

La première édition de l'Histoire de l'Art parut en 1764. Il y en a eu depuis diverses éditions revues, corrigées et augmentées par l'auteur ; la dernière est celle de Vienne en 1776.

Cet ouvrage a été traduit dans toutes les langues, et accompagné, par quelques-uns des éditeurs, tel que Carlo Fea, dans sa traduction italienne, de savans commentaires.

Beaucoup d'antiquaires célèbres, tels que Lessing, Sulzer, Heyne, ayant discuté et corrigé plusieurs assertions de cette histoire, les derniers commentateurs ont eu soin de consigner ces diverses observations dans leurs notes.

M. Huber traduisit d'abord cet ouvrage en deux volumes in-8°., puis en trois petits volumes in 4°. Le citoyen Jansen a entrepris une traduction complète de Winckelman. Il a résumé tout ce qui a été écrit sur l'Histoire de l'Art, ce qui rend son entreprise très-utile ; il est à regretter seulement que les correcteurs ayent laissé passer une si grande quantité de fautes d'impression.

Cette édition est cependant la meilleure, la plus complète, et celle qu'il faut suivre.

Winckelman a annoncé lui-même l'objet de son ouvrage dans sa préface. Son but, en traitant de l'Histoire de l'Art, est de donner un système de l'art même. Il remonte jusqu'à son origine chez les différentes nations; il en suit les progrès et les variations jusqu'à sa perfection ; il en marque la décadence et la chûte jusqu'à son extinction. Pour suivre ce plan, il discute particulièrement l'Art chez les Egyptiens et chez les Etrusques ; il traite spécialement de l'Art chez les Grecs comme faisant l'objet de tout l'ouvrage ; il passe de là à l'histoire de l'Art dans le sens le plus strict. C'est l'histoire du sort qu'il a éprouvé relativement aux différentes circonstances, principalement chez les Grecs et chez les Romains ; il donne peu de notices historiques sur les artistes, mais il indique avec soin les monumens de l'art.

Heyne, dans ses cours, suit tantôt la méthode analytique, et tantôt la méthode chronologique, à laquelle il combine la première, ainsi qu'il paroît par de très-courts élémens qu'il a fait imprimer pour guider ses disciples dans leurs études et dans leurs recherches. Ces élémens offrent le tableau des idées dont il donne le développement dans son cours.

Il commence par quelques notions générales sur l'Art, puis il en trace l'histoire générale en indiquant avec soin ses différentes époques ; c'est l'objet de la méthode chronologique. Revenant ensuite à la méthode analytique, il traite en particulier de la sculpture, de la gravure et de la peinture. Il ne dit rien, dans ces élémens, de l'architecture, de la mosaïque ni de la numismatique, dont il s'occupe cependant quelquefois, ainsi que cela est prouvé par le cahier écrit sous sa dictée, que nous avons devant les yeux (1).

J'ai déja parlé des services que le géographe Busching a rendu à l'Archæographie et de ses traités analytiques ; il a publié aussi, en 1781, un traité général et chronologique sous ce titre : *Esquisse d'une Histoire des Beaux-Arts* (2).

Winckelman, dans son Histoire de l'Art, cherche à réduire, d'après les faits de cette his-

---

(1) Aufansgrunde fur Archæologie.

(2) *Entwurf einer Geschichte de Zeichnenden Schoner Kunste*, von D. Ant. Frid. Busching. Hamburg, 1781, in-8°.

toire, l'art à un systême : Busching se borne, dans ce traité, à tracer pour ses disciples une histoire chronologique des beaux-arts non-seulement chez les anciens, mais continuée jusqu'à nos jours ; il ne donne que de simples notices accompagnées de nombreuses citations des ouvrages qui peuvent procurer de plus amples éclaircissemens.

Un ouvrage trop peu connu sur l'Archæographie chronologique, et que je ne dois pas passer sous silence, est celui de d'Hancarville, Français célèbre par ses aventures extraordinaires, et par son goût pour les arts et les antiquités, éditeur de la collection des vases étrusques du comte Antoine Hamilton, et actuellement résidant en Toscane.

Cet ouvrage, vraiment original, est intitulé : *Recherches sur l'origine, l'esprit et le progrès des Arts dans la Grèce, sur leur connexion avec les arts et la religion des plus anciens peuples connus, et sur les monumens antiques de l'Inde, de la Perse, du reste de l'Asie, de l'Europe et de l'Egypte*, en trois volumes in-4°., imprimés à Londres en 1785, et dont très-peu d'exemplaires ont été répandus en France.

L'auteur s'attache principalement à rechercher la première forme de chacun des objets figurés par les différens peuples en comparant leurs monumens ; il y reconnoît un type primitif, comme les étymologistes trouvent un son primitif en anatomisant les mots des différentes langues ; il recherche ensuite, d'après cette ressemblance dans les formes primitives, quel peut avoir été le peuple chez lequel ces formes ont été ainsi représentées : selon lui ce peuple est le peuple perdu, à la connoissance duquel des philosophes et des physiciens, principalement le savant et malheureux Bailly, ont cherché à arriver par une autre route. d'Hancarville ne se contente pas de la conformité des monumens, il s'appuie aussi sur celle des coutumes et sur les sons primitifs des langues. On ne peut disconvenir que ces explications ne soient souvent plus singulières que solides, que ses étymologies ne soient, pour la plupart, un peu forcées, que l'accumulation des preuves qui, souvent, ne sont que des pétitions de principe, ne soit fatigante; mais il y a, dans cet ouvrage, une érudition vaste, beaucoup d'originalité et des choses très-ingénieuses, particulièrement celle sur la bélemnite ou pierre de foudre, sur la conformité du culte du bœuf et de celui du serpent.

Cet ouvrage est accompagné de beaucoup de planches, et très-rare en France. L'auteur du *Monthly Review*, M. Maty, homme-de-lettres distingué, s'étant permis d'en faire une critique un peu rigoureuse, d'Hancarville a composé une réfutation qui forme un troisième volume.

Le défaut de tables rend l'usage de ce livre fort incommode.

François Dujon, connu sous le nom de *Franciscus Junius*, à la suite de son histoire de la peinture des anciens, a donné un catalogue alphabétique des sculpteurs, graveurs, ciseleurs, architectes grecs et romains; mais cet écrit a plus de rapport à l'histoire des artistes qu'à celle des arts.

Le professeur Christ, à Léipsig, a aussi publié en 1776 des Elémens d'Archæologie, sous le titre *Observations sur la Littérature et les Arts*. L'ouvrage d'Eschenburg, intitulé : *Littérature classique*, paroît être aussi du même genre; mais je ne puis faire connoître ces ouvrages que je n'ai pas encore pu me procurer.

Archæographie géographique.

Nous avons beaucoup de descriptions des monumens d'un seul pays, tels que Rome antique, les antiquités de la Grèce, la *Sicilia antiqua*, les divers voyages de Grèce, d'Italie, de Sicile, etc., mais le seul traité général d'Archæographie géographique que je connoisse, est celui de mon estimable ami le professeur Oberlin, que j'ai déja eu occasion de citer.

Après l'introduction dont j'ai déja parlé, le professeur Oberlin donne une division géographique du monde ancien, il commence par l'Espagne, et décrit ensuite la Gaule, la Bretagne, la Germanie; puis l'Italie, la Grèce; et enfin, l'Asie mineure, la Syrie, la Palestine, la Perse, l'Egypte et la Lybie. Les noms géographiques modernes sont toujours opposés aux noms anciens. Il se borne à une simple indication des monumens de toute espèce que peut offrir chaque contrée, et cite seulement l'auteur où on en peut trouver l'explication. L'ouvrage est terminé par une table géographique très-ample, et par une table des auteurs cités que l'on peut regarder comme une bibliothèque archæologique.

Le professeur Oberlin se propose de traduire lui-même cet ouvrage en français, en donnant à chaque article plus de développement. Si il en diffère la publication, c'est pour ne rien omettre d'important, et parce qu'il lui manque encore quelques éclaircissemens que son exactitude ne lui permet pas de négliger. Ce livre sera vraiment utile, et même de la dernière importance pour l'étude de l'Archæologie,

Archæographie alphabétique.

Le meilleur lexique d'Archæographie est sans contredit celui de Sulzer, intitulé *Théorie générale des beaux-arts* (1). Les articles sont courts, précis, mais tracés de main de maître. Il est cependant facile de s'appercevoir, à la différence du style et même des idées, que tous les articles ne sont pas de lui. Quelques-uns des siens ont été traduits dans les supplémens de la première encyclopédie,

---

(1) *Allgemeine Theorie of Kunst.*

et se retrouvent dans les dictionnaires des Beaux-Arts de l'Encyclopédie méthodique, où il y en a aussi de très-bons, qui sont particuliers au citoyen Lévesque, chargé de cette partie.

La dernière et la meilleure édition de l'ouvrage de Sulzer est celle de 1792, à Léipsig; ce qui la rend encore plus précieuse, c'est le soin que l'éditeur a pris d'indiquer à la fin de chaque article tous les ouvrages, quelques nombreux qu'ils soient et dans quelque langue qu'ils ayent été écrits, ou dans lesquels on peut trouver des renseignemens sur le même sujet.

On trouve encore quelques détails sur l'Archæographie dans la partie des antiquités de l'encyclopédie méthodique rédigée par le citoyen Mongès.

Le dictionnaire des Beaux-Arts de Lacombe ne donne que des idées inexactes et superficielles.

Lessing, en lisant l'ouvrage de Winckelman, avoit fait plusieurs remarques relatives aux arts. Ces notes ont été recueillies après sa mort sous le titre de *Collectanea zur Litteratur*. Il y en a de curieuses; mais la plupart sont peu importantes, et leur ensemble n'offre rien de complet.

Plan d'un Systême archæographique.

La plupart des traités que j'ai indiqués sont écrits en allemand, quelques-uns en latin. On ne compte parmi les traités analytiques français que l'ouvrage de Baudelot Dairval, et la petite introduction d'Oberlin imprimée dans le Magasin ; dans le nombre des ouvrages chronologiques, celui d'Hancarville a été composé en français, et celui de Winckelman a été traduit en cette langue.

Malgré les lumières que divers écrits ont répandues sur l'Archæographie, il nous manque encore un ouvrage qui seroit très-essentiel. Les monumens de l'art sont dispersés dans les palais et dans les maisons de plaisance des différens états de l'Europe, et on est obligé d'en chercher la description dans une infinité d'ouvrages ; il nous faudroit donc une notice, un répertoire de tous les monumens de l'art encore subsistans, et voici comment qu'un pareil ouvrage devroit être rédigé.

Il seroit à désirer que celui qui l'entreprendroit adoptât à-peu-près le systême ou la méthode d'arrangement des naturalistes. Il classeroit d'abord tous les monumens dans l'ordre analytique ; il donneroit sur chacun d'eux une très-courte notice historique et littéraire, et le jugement qui en auroit été porté ; il placeroit après une synonymie chronologique qui feroit aisément remonter jusqu'à celui qui auroit le premier fait connoître le monument. Cette synonymie offriroit la citation de tous les ouvrages où le monument est décrit ou figuré, avec un court jugement sur la fidélité de la représentation : la notice seroit terminée par l'indication du lieu où le monument se trouve. Cet ouvrage contiendroit sûrement beaucoup d'erreurs d'abord inévitables ; mais il s'amélioreroit ensuite par les critiques, et s'augmenteroit successivement de tout ce qui seroit découvert.

Un semblable travail seroit au-dessus des forces d'un seul homme, à moins qu'il n'eût le genie et l'activité de l'immortel Linnæus ; car, s'il étoit doué des mêmes avantages, il ne seroit pas plus effrayé de la rédaction d'un pareil catalogue que ce grand naturaliste ne l'a été de présenter, avec les mêmes détails, le tableau systêmatique de toutes les substances qui existent dans la nature.

Cet ouvrage pourroit, d'ailleurs, s'exécuter par parties, de même que dans l'histoire naturelle ; l'un donne un système des végétaux, un autre des insectes, un autre des mammifères : de même dans la science qui nous occupe un Archæographe pourroit publier un système d'arrangement des statues, un autre des pierres gravées, etc., etc. (1)

---

(1) Heyne, Eloge de Winckelman.

Muséographes.

Muséographes.

Après avoir traité des livres élémentaires sur l'Archæologie, il ne me reste plus qu'à indiquer les ouvrages dans lesquels on peut encore trouver des notions générales.

Tout ce qui frappoit l'imagination vive des Grecs leur paroissoit venir des Dieux ou devoir leur être consacré ; ainsi tous les objets susceptibles de transport étoient suspendus dans leurs temples ; les pilotes et les marchands qui revenoient de longs voyages avoient aussi la coutume d'offrir aux Dieux les productions les plus précieuses ou les plus singulières des pays qu'ils avoient parcourus. Ces offrandes ornoient les temples, qui peuvent ainsi être regardés comme les premiers cabinets d'histoire naturelle et de curiosités de toute espèce. On est étonné de la richesse des présens envoyés à Delphes par Crésus et par d'autres princes ; et ces lieux sacrés se remplissoient ainsi de statues, de tableaux, de vases et de meubles précieux : outre cela, on y conservoit encore dans un endroit saint des bijoux sacrés, tels que l'Arche d'alliance, le Chandelier à sept branches chez les Juifs, la grande Corne d'abondance en or placée par Auguste dans le temple de la fortune, à Rome, etc.

Les objets de l'art ornoient également les palais des princes et ceux des hommes riches et puissans.

Après le triomphe de Mummius ce goût devint une passion à Rome. Nous verrons, en traitant des statues, jusqu'où Lucullus et d'autres Romains portèrent à cet égard leur profusion. Ce goût pour les ouvrages de l'art fut ce qui excita Verres à tant de rapines, et Nonius aima mieux mourir que de céder à Antoine une opale qu'il chérissoit ; Néron aimoit ses vases Murrhins jusques au point de les pleurer. On trouve encore aujourd'hui dans les ruines de la maison de plaisance d'Hadrien les plus précieux restes de l'antiquité. Ce prince y avoit rassemblé tout ce qu'il trouvoit digne de sa curiosité.

Après la renaissance des lettres, dès que le goût des antiquités eut commencé à se répandre, les princes et les particuliers même cherchèrent à former des cabinets.

Raphaël et Michel-Ange recueillirent un grand nombre d'antiques. Les Médicis envoyèrent des savans dans diverses contrées du globe, et c'est ainsi qu'ils fondèrent le superbe Muséum de Florence. Peiresc rassembla par-tout des antiques, des moules et des empreintes. François premier prit des Médicis le goût des pierres gravées ; mais ce fut Charles IX qui désigna le premier dans le Louvre une salle pour y réunir les antiques qui, à la suite des troubles civils, furent bientôt dispersés. Henri IV, possesseur tranquille du royaume, profita de la paix pour rétablir cette collection, et il chargea de ce soin Bagaris, gentilhomme provençal, qui avoit des connoissances étendues dans cette partie. Cette collection fut négligée sous Louis XIII, mais Louis XIV lui donna une attention particulière ; Gaston d'Orléans y réunit la sienne, et elle fut placée près de la bibliothèque nationale, afin que les savans qui en avoient la garde pussent y trouver tous les secours littéraires dont ils avoient besoin. Depuis cette époque, plusieurs collections particulières y ont été réunies par les soins de M. de Boze et du savant auteur du *Voyage d'Anacharsis*, BARTHELEMY, aussi recommandable par l'aménité et la grâce de son esprit, et par la probité qui faisoit la base de son caractère, que par l'immensité de son érudition.

Les pierres gravées et les médailles ne sont qu'une partie de cette précieuse collection. Le reste est entassé dans un vaste grenier, faute d'un emplacement commode, et ne peut être offert à la curiosité publique ; cependant la Convention nationale, d'après mes instances réitérées, et sur le rapport de Rabaud Pommier, a rendu le 20 prairial un décret pour exposer ces richesses dans des salles qui vont être préparées ; les travaux quelque temps suspendus par l'effet des circonstances vont être repris, et nous pourrons offrir bientôt au public une collection vraiment digne de sa curiosité. Les cabinets de Sainte-Geneviève, des Petits-Pères, les antiques épars au garde-meuble et dans les dépôts nationaux y seront réunis ; tout y sera disposé selon la méthode analytique et la méthode chronologique combinées, et chaque pièce sera décrite et étiquetée.

Nous devons cependant regretter la perte du beau cabinet de l'abbaye S. Germain, incendié avec sa précieuse bibliothèque dans le cours du mois de fructidor de l'an trois, et dans laquelle se trouvoient plusieurs des pièces décrites par Montfaucon dans son antiquité expliquée.

Les Savans qui nous ont donné des descriptions des Muséum se nomment *Muséographes*.

Leurs traités sont généraux ou particuliers selon le genre des collections qu'ils ont décrites. Nous verrons, en parlant de chaque classe des monumens, les ouvrages des Muséographes spéciaux : nous ne devons ici traiter que de ceux qui ont donné des descriptions des cabinets qui renfermoient des collections générales.

Les principaux de ces Muséographes sont Gori, qui a donné la description du Musée de Florence : l'ouvrage intitulé Galerie de Florence, que l'on publie aujourd'hui, peut en être regardée comme une continuation.

Visconti, auteur du Muséum *Pio-Clementinum*.

Molinet, à qui nous devons la description du cabinet de Sainte-Geneviève.

Oberlin, qui, dans son *Muséum schoepflinianum*,

a donné la description du cabinet legué à la ville de Strasbourg par le célèbre Schoepflin.

Nous aurons occasion de citer souvent ces ouvrages et quelques autres.

Collecteurs.

On appelle *Collecteurs* ceux qui ont réuni en un corps des monumens divers tendans ordinairement au même but, tel que Ficoroni les masques scéniques; Passery, les lampes antiques, ou sur divers sujets, comme Caylus dans son recueil.

Ces savans ont décrit et figuré les pièces qui ornoient les cabinets de différens particuliers : mais ces objets y ont été souvent déposés par des hommes qui ont bravé les dangers attachés aux excursions lointaines pour la recherche des monumens antiques.

Ceux qui ont entrepris les premiers des voyages de longs cours n'ont guères eu pour but que la cupidité des richesses et l'ambition des conquêtes. Ils rapportoient presque toujours quelqu'une des choses qui les avoient le plus frappés ; mais aucun ne s'étoit proposé, pour unique but, la recherche et l'observation des objets de l'art.

Après la renaissance des lettres, ils bravèrent les fatigues et les dangers des longues navigations pour ajouter aux connoissances acquises des connoissances nouvelles. Les plus ardens de ces voyageurs ont été les naturalistes et les antiquaires. Cette passion, chez ces deux classes de savans, est ordinairement extrême; ils sont avides de s'instruire comme d'autres sont avides de s'enrichir; aucune incommodité ne les retient, aucun désagrément ne les rebute, aucun péril ne les arrête: on feroit une longue légende des hommes qui ont éprouvé mille maux et même souffert la mort pour ces deux sciences. Comme la guerre, l'Archæologie a ses héros; comme la religion, elle a aussi ses martyrs. Quels tourmens n'ont pas éprouvés plusieurs des savans qui ont voulu visiter l'Egypte et l'ancienne Grèce pour en observer les monumens ? N'a-t-on pas vu le célèbre Vaillant fait prisonnier par les Algériens; subir, pendant plusieurs mois, un rigoureux esclavage ? Il part enfin pour la France avec une vingtaine de médailles d'or des plus précieuses et inédites qu'il avoit conservées; mais, au milieu de la traversée, un nouveau danger menace sa liberté: un corsaire est encore sur le point de s'emparer de son bâtiment. Vaillant, insensible à sa propre situation, ne paroît craindre que la perte de ses médailles; et ne sachant quel parti prendre, il les avale. Cependant une tempête sépare le corsaire et son bâtiment; il se sauve, lui cinquième, sur les terres de France dans un esquif: alors il connoît son danger; il s'adresse à des hommes de l'art, qui ne sont pas d'accord sur le remède qui lui convient. Mais pendant leur indécision, la nature, plus puissante, rend à Vaillant ses médailles et le tire d'inquiétude. Que fait notre antiquaire ? A peine a-t-il publié ces nouvelles richesses, qu'il repart pour visiter l'Egypte et la Perse.

Je pourrois multiplier les citations d'exemples semblables; mais celui là suffit pour démontrer l'incroyable avidité des connoissances dans les antiquaires voyageurs.

Les voyages les plus célèbres publiés sur les Antiquités sont ceux de Chardin et de Pockoke en Perse ; de Nieburh en Arabie ; de Norden en Egypte ; de le Roi, de Stuart et de Choiseuil-Gouffier en Gréce ; de Saint-Non en Italie, etc. etc.

On peut trouver l'indication de presque tous les voyages dans le Magasin des Voyages de Struve et dans le Catalogue de la Bibliothèque de M. de Courtanvaux.

Il ne nous reste plus à parler que des Iconographes, des Monographes et des Mélanges.

Iconographes, Monographes, Mélanges.

Les *Iconographes* sont ceux qui ont publié des figures de monumens, mais sans une explication détaillée.

Les *Monographes* sont ceux qui ont écrit des petits traités séparés sur quelques monumens; la description de l'agathe de Tibère par Albert Rubens ; celle du cachet de Michel-Ange par Baudelot-Dairval; celle que j'ai donnée dans un des derniers numéros du Magasin encyclopédique, sur une gravure représentant *Diane Lochia*, sont des Monographies.

Les *Mélanges* sont des recueils sur différens sujets d'Antiquités : les premiers de ces recueils sont les grandes collections académiques, dont les principales, pour les Antiquités, sont les Mémoires de l'Académie des Belles-Lettres, monument littéraire dont la France pourra à jamais se glorifier; les Mémoires de l'Académie de Cortone; ceux de la Société des Antiquaires de Londres; ceux de la Société de Gottingue, etc.

Telle est l'idée générale qu'on peut se former d'une Bibliothèque archæologique : nous en connoîtrons les détails à mesure que nous pénétrerons plus avant dans les différentes parties de la science.

Ce qui a rapport à chacune des différentes classes de l'Archæologie se trouvera dans les Instructions élémentaires que je publierai pour la facilité de ceux qui voudront suivre les cours que je me propose de faire.

www.ingramcontent.com/pod-product-compliance
Lightning Source LLC
Chambersburg PA
CBHW070210230526
45471CB00002B/899